•Les aventures avec Nicolas•

Une visite chez grand-mère

•Adventures with Nicholas•
A Visit to Grandma

Illustrated by Chris Demarest

Berlitz Publishing
New York   Munich   Singapore

Contacting the Editors
Every effort has been made to provide accurate information in this publication, but changes are inevitable. The publisher cannot be responsible for any resulting loss, inconvenience or injury. We would appreciate it if readers would call our attention to any errors or outdated information by contacting Berlitz Publishing, 193 Morris Ave., Springfield, NJ 07081, USA. Fax: 1-908-206-1103, email: comments@berlitzbooks.com

First Printing: February 2006
Printed in China

Dear Parents,

The *Adventures with Nicholas* stories will create hours of fun and productive learning for you and your child. Children love sharing books with adults, and story-based learning is a natural way for your child to develop second language skills in an enjoyable and entertaining way.

In 1878, Professor Maximilian Berlitz had a revolutionary idea about making language learning accessible and enjoyable. These same principles are still successfully at work today. Now, more than a century later, people all over the world recognize and appreciate his successful approach. Berlitz Kids combines the time-honored traditions of Professor Berlitz with current research to create superior products that truly help children learn and enjoy foreign languages.

Berlitz Kids materials let your child gain access to a second language in a positive and engaging way. The eight episodes in this book present foreign language words gradually, and help children build vocabulary naturally. The content and vocabulary have been carefully chosen by language experts to draw your child into the action. Within a short time, your child may be repeating parts of the story in the new language! What fun for you and your child!

Another bonus of the *Adventures with Nicholas* materials is that they are portable. You can use the materials at home, in the car, or even on a visit to grandma's house! Each of the books in the Nicholas series emphasizes slightly different vocabulary and concepts; taken together, the series encourages learning all the time.

On the audio program your child will hear the story with wonderful sound effects. Your child will also hear entertaining and memorable songs. The songs are not just fun. Language experts say that singing songs helps kids learn the sounds of a new language more easily. What's more, an audio dictionary helps your child learn the pronunciation of important words.

Follow your child's lead as you work through the wonderful stories and songs. And above all, enjoy yourselves.

Welcome!

The Editors at Berlitz Kids™

1 Nicolas se souvient

Nicholas Remembers

Nicolas pense à sa grand-mère.

Nicholas is thinking about his grandma.

Lorsque Nicolas avait trois ans,
grand-mère lui a donné des jouets amusants.

When Nicholas was three years old, Grandma
gave him funny toys.

— Merci grand-mère. Je t'aime, dit Nicolas.
— Je t'aime aussi, dit grand-mère.

"Thank you, Grandma. I love you," said Nicholas.
"I love you, too," said Grandma.

Quand Nicolas avait quatre ans, il est tombé. Grand-mère lui a mis un pansement sur le genou. Elle l'a câliné. Et aussitôt, il s'est senti beaucoup mieux.

When Nicholas was four years old, he fell down. Grandma put a bandage on his knee. She hugged him. And soon he felt much better.

Lorsque Nicolas avait cinq ans, sa grand-mère et lui chantaient des chansons ensemble. Ils riaient et passaient des moments merveilleux.

When Nicholas was five years old, Grandma sang songs with him. They laughed and had a wonderful time.

Maintenant, Nicolas est plus âgé et plus grand. Aujourd'hui, il pense à grand-mère. Demain, c'est l'anniversaire de grand-mère. Il veut offrir un merveilleux cadeau à sa grand-mère.

Now Nicholas is older and bigger. Today he is thinking about Grandma. Tomorrow is Grandma's birthday. He wants to give his grandma a wonderful present.

Quel cadeau?

What Present?

Nicolas, son frère Jean, et sa sœur Marie sont assis au salon. Ils discutent quoi acheter pour l'anniversaire de grand-mère.

Nicholas, his brother John, and his sister Maria sit in the living room. They talk about what to buy for Grandma's birthday.

— Achetons des fleurs, dit Marie.
— Grand-mère aime les fleurs. Elle aime les fleurs grandes et petites, hautes et courtes, roses, rouges et blanches.

"Let's buy flowers," says Maria. "Grandma loves flowers. She loves big and small, tall and short, pink, red, and white flowers."

— Oui, dit Nicolas. — Mais grand-mère a déjà un grand jardin. Elle a déjà tellement de fleurs.

"Yes," says Nicholas. "But Grandma already has a big garden. She already has so many flowers."

— Achetons du parfum, dit Nicolas.
— Le parfum sent tellement bon.
— Oui, dit Marie. — Mais grand-mère a déjà tellement de parfums.

"Let's buy perfume," says Nicholas. "Perfume smells so good."
"Yes," says Maria. "But Grandma already has so much perfume."

— Achetons une boîte de chocolats, dit Jean. — C'est si bon le chocolat.

— Oui, dit Nicolas. —Mais grand-mère n'aime pas manger trop de sucreries.

"Let's buy a box of chocolates," says John. "Chocolate tastes so good."

"Yes," says Nicholas. "But Grandma does not like to eat too many sweets."

Nicolas se prend la tête dans les mains.
Il est inquiet. Il ne sait pas quoi acheter
pour grand-mère.

Nicholas puts his head in his hands. He is worried.
He does not know what to buy for Grandma.

Au magasin

At the Store

Le jour suivant, les enfants vont faire les courses avec maman.

— Je sais! dit Nicolas. — Achetons un chapeau pour grand-mère. Grand-mère aime les chapeaux.

— Quelle bonne idée! dit maman.

The next day the children go shopping with Mom.
"I know!" says Nicholas. "Let's buy a hat for Grandma. Grandma likes hats."
"What a good idea!" says Mom.

—Bonjour, dit une dame.
—Bonjour, répondent maman et
les enfants.

"Good morning," says a woman.
"Good morning," say Mom and the children.

— Nous voulons acheter un chapeau,
dit Nicolas.
— Pour toi? demande la dame.
Elle met un chapeau rouge sur la tête de Nicolas.
— Non, pas pour moi, dit Nicolas.

"We want to buy a hat," says Nicholas.
"For you?" asks the woman.
She puts a red hat on Nicholas.
"No, not for me," says Nicholas.

— Pour toi? demande la dame.
Elle met un chapeau vert et violet sur la
tête de Marie.
— Non, pas pour moi, dit Marie.

"For you?" asks the woman.
She puts a green and purple hat on Maria.
"No, not for me," says Maria.

— Pour toi? demande la dame.
Elle met un chapeau jaune sur la tête
de Jean.

*"For you?" asks the woman.
She puts a yellow hat on John.*

— Non, pas pour moi, dit Jean. —Pour
notre grand-mère!

"No, not for me," says John. "For our grandma!"

Ils regardent des chapeaux orange, des chapeaux bleus et des chapeaux noirs. Ils ne trouvent pas le bon chapeau pour grand-mère. Ils sont tristes.

They look at orange hats, blue hats, and black hats. They do not see a good hat for Grandma. They feel sad.

— J'ai une idée, dit Nicolas.
Il chuchote quelque chose à sa famille.
Chacun sourit et dit "Oui!"

"I have an idea," says Nicholas.
He whispers to his family. Everyone smiles and
says, "Yes!"

Nicolas espère que grand-mère aimera
son idée.

Nicholas hopes Grandma likes his idea.

4 Les préparatifs

Getting Ready

Il est temps de se préparer pour fêter l'anniversaire de grand-mère. Chacun veut être présentable, même les chats, Princesse et Chaton.

It is time to get ready for Grandma's birthday party. Everyone wants to look good—even the cats, Princess and Kitten.

Maman se brosse les cheveux.

Mom brushes her hair.

Papa noue sa cravate.

Dad ties his tie.

Jean se lave le visage.

John washes his face.

Marie repasse sa robe rouge.

Maria irons her red dress.

26

Nicolas enfile une chemise blanche,
un pantalon bleu et met de nouvelles
chaussures marron.

Nicholas puts on a white shirt, blue pants,
and new brown shoes.

Les enfants mettent des petits cadeaux dans leurs poches. Et ils sont prêts pour la visite chez grand-mère.

The children put little presents in their pockets.
And then they are ready for a visit to Grandma.

5 En route

On the Road

Ils se dirigent vers la voiture et
s'installent. Papa s'assoit à l'avant, derrière
le volant. Maman s'assoit à côté de papa.

They walk to the car and get in. Dad sits in the
front, behind the wheel. Mom sits next to Dad.

Les enfants s'assoient à l'arrière. Nicolas s'assoit à droite de Jean. Marie s'assoit à gauche de Jean.

The children sit in the back. Nicholas sits to the right of John. Maria sits to the left of John.

Chaton s'assoit sous les jambes de Marie.
Princesse dort sur les genoux de Jean.

Kitten sits under Maria's legs. Princess sleeps on John's lap.

La voiture est très encombrée. Maman commence alors à chanter et chacun se joint à elle.

The car is very crowded. Then Mom starts to sing, and everyone joins in.

Les chansons sont drôles. Tout le monde
rit et passe un bon moment.

*The songs are funny. They all laugh and have a
good time.*

Nicolas chante aussi. Mais soudain, il s'inquiète à nouveau.

— J'espère seulement que grand-mère va aimer nos cadeaux, dit-il.

Nicholas sings, too. But then he feels worried again.
"I just hope Grandma likes our presents," he says.

6

Chez grand-mère

At Grandma's House

Tous les invités sont chez grand-mère.
Elle a une grande famille et beaucoup,
beaucoup d'amis. Ils viennent tous fêter
son anniversaire.

*All the guests are at Grandma's house. She has
a big family and many, many friends. All of them
come to her birthday party.*

Il y a un gros gâteau avec des bougies. Il
y a de la crème glacée.

There is a big cake with candles. There is ice cream.

Il y a des cotillons pour chacun. Et il y a
de la musique joyeuse.

There are party hats for everyone. And there is
happy music.

Grand-mère reçoit beaucoup de cadeaux.
Elle reçoit de la peinture et des pinceaux
pour peindre.

*Grandma gets many presents. She gets paints and
brushes to paint pictures.*

Elle reçoit un appareil photo pour prendre des photos lorsqu'elle va dans des endroits lointains. Elle reçoit un album vierge pour écrire l'histoire de sa vie.

She gets a camera to take photographs when she goes to faraway places. She gets a blank book to write the story of her life.

— Merci, dit grand-mère.
Ensuite, Nicolas, Marie et Jean se lèvent.
Tout le monde les regarde.

"Thank you," says Grandma.
Then Nicholas, Maria, and John stand up.
Everyone looks at the children.

Encore des cadeaux

More Presents

— Nous avons aussi des cadeaux pour
toi, dit Nicolas.

Grand-mère sourit.

"We have presents for you, too," says Nicholas.
Grandma smiles.

Nicolas va vers le piano. Il joue un air joyeux. Il le joue vite et fort.

Nicholas goes to the piano. He plays a happy song. He plays it fast and loud.

Marie danse autour de la pièce.
Princesse et Chaton dansent aussi.

*Maria dances around the room. Princess and
Kitten dance, too.*

Jean se tient en équilibre sur la tête. Il chante une chanson . . . à l'envers.

John stands on his head. He sings a song . . . upside-down.

Princesse et Chaton essayent de chanter aussi.

Princess and Kitten try to sing, too.

Tout le monde applaudit et pousse des exclamations, spécialement grand-mère.

Everyone claps and cheers—especially Grandma.

Nicolas dit: — Je suis heureux que tu aimes le spectacle, grand-mère. Maintenant, nous avons une autre surprise pour toi.

Nicholas says, "I'm glad you like the show, Grandma. Now, we have one more surprise for you."

8 La dernière surprise

The Last Surprise

Nicolas, Marie et Jean sortent les cadeaux de leurs poches. Les cadeaux ressemblent à des petits coeurs.

Nicholas, Maria, and John take the presents out of their pockets. The presents look like little hearts.

Grand-mère ouvre le cadeau de Marie.
C'est une photographie de Marie bébé.

*Grandma opens Maria's present. It is a
photograph of Maria when she was a baby.*

Sur la photo, grand-mère et Marie jouent
avec un jouet amusant. Sous la photo, on
peut lire: "Je t'aime, grand-mère."

*In the photo, Grandma and Maria are playing
with a funny toy. Under the photo, it says "I love
you, Grandma."*

Grand-mère ouvre le cadeau de Jean.
C'est une photographie de Jean bébé. Sur la
photo, grand-mère met un pansement sur
le bras de Jean. Sous la photo, on peut lire:
"Je t'aime, grand-mère."

*Grandma opens John's present. It is a photograph
of John when he was a baby. In the photo, Grandma is
putting a bandage on John's arm. Under the photo, it
says "I love you, Grandma."*

Grand-mère regarde le cadeau de Nicolas.
Sur la photo, Nicolas et grand-mère chantent.
Ils rient et semblent passer un moment
merveilleux. Sous la photo, on peut lire:
"Je t'aime, grand-mère."

*Grandma looks at Nicholas's present. In the photo,
Nicholas and Grandma are singing. They are laughing
and having a wonderful time. Under the photo, it says,
"I love you, Grandma."*

Grand-mère sourit et embrasse les trois enfants.

— J'aime la peinture et les pinceaux. J'aime l'appareil-photo. J'aime l'album vierge. Et j'aime le spectacle. Mais par dessus tout, j'aime les photos . . . parce que ce sont des photos de vous.

Grandma smiles and hugs the three children.
"I like the paints and brushes. I like the camera. I like the book. And I like your show. But most of all, I like the photos . . . because they are photos of you."

Nicolas, Marie et Jean sont très heureux.
— Je vous aime tous, dit grand-mère.
— Nous t'aimons aussi, disent les enfants.

Nicholas, Maria, and John are very happy.
"I love you all," says Grandma.
"We love you, too," say the children.

Et puis Nicolas compte, — Un, deux,
trois . . .

Et tout le monde dit: — Joyeux
anniversaire, grand-mère!

Then Nicholas counts, "One, two, three . . ."
And everyone says, "Happy birthday, Grandma!"

Song Lyrics

Song to Accompany Story 1

Ma famille (My Family)

[Sung to the melody of a French folk tune]

Mon père, ma mère, ma sœur, mon frère,
C'est ma famille. C'est ma famille.
Et je vous dis ce qu'ils font est très drôle.
Et c'est vrai.

Mon père emmène son serpent,
Au bureau, au bureau.
Ce serpent nommé Flocon,
Lui fait son travail sans se tromper.

Ma mère fait cuire des galettes aux haricots,
Tous les matins, tous les matins.
Ça me rend fou, parce qu'ils n'sont pas bons.
Mais quand ils sont terminés, je suis
    vraiment content.

Ma sœur aime se promener
Avec sa tortue, avec sa tortue.
Où elles vont, je n'en sais rien,
Mais sûrement qu'elles vont lentement.

Mon frère mange avec ses pieds.
Qu'il a l'air drôle, qu'il a l'air drôle.
Lorsqu'il mange la moindre chose,
Il doit s'asseoir et prendre un siège.

[Repeat first verse.]

Father, Mother, Sister, Brother,
That's my family. That's my family.
I tell you what they do is very silly.
That is true!

Father takes his pet snake,
To the office, to the office.
That pet snake, named Snowflake,
Does Dad's work with no mistakes.

Mother bakes stringbean cakes,
Every morning, every morning.
I am mad 'cause they taste bad.
But when they're gone, I'm
    really glad.

Sister likes to take hikes
With her turtle, with her turtle.
Where they go, I don't know,
But I'm sure that they walk slow.

Brother eats with his feet.
He looks funny, he looks funny.
When he eats any treats,
He must sit and take a seat.

[Repeat first verse.]

Song to Accompany Story 2

Oh, quoi faire? (Oh, What Can We Do?)

[Sung to the melody of a Spanish folk tune]

Oh, quoi faire pour l'anniversaire de
    grand-mère?
Oh, quoi faire pour célébrer cette journée?
Trouver une grenouille qui parle,
Une qui aime aller à pied.
C'est ce qu'on peut faire pour fêter
    cette journée.

Oh, what can we do for our
    grandmother's birthday?
Oh, what can we do for her special day?
We can get a frog that talks—
One that likes to go for walks.
That's what we can do for our
    grandma's day.

Oh, quoi faire pour l'anniversaire de
    grand-mère?
Oh, quoi faire pour célébrer
    cette journée?
Trouver un cheval qui rit,
Voici sa photographie. . . .

Oh, quoi faire pour l'anniversaire de
    grand-mère?
Oh, quoi faire pour célébrer
    cette journée?
Trouver une vache qui saute,
Avec une drôle de bouche. . . .

Oh, quoi faire pour l'anniversaire de
    grand-mère?
Oh, quoi faire pour célébrer
    cette journée?
Trouver un poisson qui skie,
J'en connais un nommé Louise. . . .

Oh, quoi faire pour l'anniversaire de
    grand-mère?
Oh, quoi faire pour célébrer
    cette journée?
Trouver un cochon qui sait
Coudre toutes sortes d'habits. . . .
Oui, on peut faire tout cela pour fêter
    cette journée.

Oh, what can we do for our
    grandmother's birthday?
Oh, what can we do for her
    special day?
We can get a horse that laughs—
Here, look at his photographs. And . . .

Oh, what can we do for our
    grandmother's birthday?
Oh, what can we do for her
    special day?
We can get a cow that skips—
Maybe one with funny lips. And . . .

Oh, what can we do for our
    grandmother's birthday?
Oh, what can we do for her
    special day?
We can get a fish that skis—
I know one who's named Louise. And . . .

Oh, what can we do for our
    grandmother's birthday?
Oh, what can we do for her
    special day?
We can get a pig that knows
How to sew a suit of clothes. And . . .
We can do all this for our
    grandmother's day.

Song to Accompany Story 3

Un monde en couleur *(A Colorful World)*

[Sung to the melody of a German folk tune]

Peux-tu imaginer un ciel jaune éclatant,
Avec des nuages bleus et rouges,
Et des avions verts qui volent,
Oh, quel monde coloré ce serait.

Peux-tu imaginer une mer violette,
Avec des poissons rouges et bleus,
Des tortues brunes nageant autour,
Oh, quel monde coloré ce serait.

Peux-tu imaginer une autoroute en or,
Avec des voitures rouges et bleues,
Et des autobus blancs qui passent,
Oh, quel monde coloré ce serait.

Can you imagine a bright yellow sky—
With red clouds and blue clouds and
Green airplanes flying by?
Oh, what a colorful world this would be!

Can you imagine a violet sea—
With red fish and blue fish and
Brown turtles swimming by?
Oh, what a colorful world this would be!

Can you imagine a highway of gold—
With red cars and blue cars and
White buses driving by?
Oh, what a colorful world this would be!

Peux-tu imaginer une plage de
    couleur pourpre,
Avec des coquillages rouges et bleus,
Et des crabes orange partout,
Oh, quel monde coloré ce serait.

[Repeat first verse.]

Can you imagine a dark
    purple beach—
With red shells and blue shells and
Orange crabs crawling by?
Oh, what a colorful world this would be!

[Repeat first verse.]

Song to Accompany Story 4

Êtes-vous prêt? *(Are You Ready?)*
[Sung to the tune of "Twinkle, Twinkle, Little Star"]

Êtes-vous prêt pour un voyage?
Je vous donne de petits conseils.
Remplir d'abord la baignoire, y mettre
    un canard flottant,
Un bain c'est drôle, quelle chance,
Sautez dedans, c'n'est pas trop chaud,
Nagez et éclaboussez.

Are you ready for a trip?
Let me give you little tips.
First fill the tub. Add your
    toy duck.
A bath is fun, so you're in luck.
Jump right in—it's not too hot.
Swim around, and splash a lot.

Quand vous sortez, vous dégoulinez,
C'est très glissant, faites attention.
Avec une serviette, essuyez votre ventre,
Faites une pause avec une tartine de confiture,
Peignez vos cheveux, soyez présentable,
Ils sont emmêlés, il faut recommencer.

Then get out and drip, drip, drip.
Just try not to slip, slip, slip.
Get a towel and dry your belly.
Take a break—try bread and jelly.
Comb your hair, so it looks nice.
It's a mess, so do it twice.

Enfilez vos vêtements, qu'allez-vous porter?
Dépêchez-vous, vous êtes tout nu.
Habillez-vous vite, il est six heures dix-huit,
Prenez une chemise, une qui est propre,
N'oubliez pas vos chaussures,
Vous les perdez bien souvent.

Get your clothes. What can you wear?
Hurry up! You're very bare.
Get dressed fast—it's six eighteen!
Choose a shirt. Take one that's clean.
Don't forget to find your shoes.
Those are things you often lose.

Êtes vous prêt? Réfléchissez.
Emporter à boire, ce serait une bonne idée,
Il se fait tard, vous partez loin,
Il est temps de partir, en voiture,
Claquez la porte, regardez dehors,
Enfin vous êtes prêt pour une ballade.

Are you ready? Stop and think.
Maybe you should pack a drink.
It's getting late—you're going far.
It's time to run—get in the car.
Close the door, and look outside,
Now we're ready for a ride!

Donnez-moi un foyer *(Give me a Home)*

[Sung to the tune of "Home on the Range"]

Oh, donnez-moi un foyer,
Où mon zèbre peut s'ébrouer,
Un endroit avec une grande salle de séjour,
Où mettre ses pieds en l'air,
Où se faire dorloter,
Pendant que je balaie ses miettes.

[Chorus]

Un foyer, un foyer, un doux foyer,
Pour moi et pour mon zèbre chéri,
Nous passons des jours merveilleux,
Et je suis heureux de dire,
Que chaque pièce est remplie de gaieté.

Oh, donnez-moi un foyer,
Où mon zèbre peut s'ébrouer,
Avec une chambre où il peut ronfler,
Il peut dormir dans le lit,
Pendant que je lui gratte la tête,
Car moi je peux bien dormir par terre.

[Repeat chorus.]

Oh, donnez-moi un foyer,
Où mon zèbre peut s'ébrouer,
Dans la cuisine, je préparerai
    ce qu'il veut,
Ferai des salades et des gâteaux,
Pour l'amour de mon zèbre chéri,
S'il me promet de laver la vaisselle.

[Repeat chorus.]

Oh, give me a home,
Where my zebra can roam,
A place with a big living room.
He can put up his feet,
While I bring him a treat,
And sweep up his crumbs with a broom.

[Chorus]

Home, home, sweet home,
For me and the zebra so dear.
We have wonderful days,
And I'm happy to say,
That each room is a room full of cheer.

Oh, give me a home,
Where my zebra can roam,
And there in the bedroom he'll snore.
He can sleep on the bed,
While I scratch his big head;
As for me, I can sleep on the floor.

[Repeat chorus.]

Oh, give me a home,
Where my zebra can roam.
In the kitchen I'll cook what
    he wishes.
I'll make salad and cake,
For that dear zebra's sake,
If he says he will help with the dishes.

[Repeat chorus.]

Invitons tout le monde *(Let's Invite Everyone)*

[Sung to the melody of an American folk tune]

Donnons une fête,
Amusons-nous,
Je demande à maman,
Tu demandes à papa.
Invitons tout le monde.

We can have a party.
We can have some fun.
I'll ask Mother.
You ask Dad.
Let's invite everyone.

Qui vient à notre fête?	Who is coming to our party?
Qui veut s'amuser?	Who wants to have some fun?
Appelons le gros ours brun,	Call the big brown bear,
Aux cheveux bouclés.	With the curly hair.
Invitons tout le monde.	Let's invite everyone.

Qui vient à notre fête?	Who is coming to our party?
Qui veut s'amuser?	Who wants to have some fun?
Invitons la grande girafe,	Get the tall giraffe.
Celle qui nous fait rire. . . .	She makes us laugh. . . .

Qui vient à notre fête?	Who is coming to our party?
Qui veut s'amuser?	Who wants to have some fun?
Trouvons la drôle de chèvre,	Find the funny goat,
Celle au beau pelage. . . .	With the great, big coat. . . .

Qui vient à notre fête?	Who is coming to our party?
Qui veut s'amuser?	Who wants to have some fun?
Invitons le renard qui danse,	Ask the dancing fox,
Et qui porte des chaussettes. . . .	Who wears fancy socks. . . .
Je pense que tout le monde est là.	I think that is everyone.

Song to Accompany Story 7

Une fête (A Party)

[Sung to the melody of an Italian folk tune]

Une fête, une fête,	A party! A party!
Nous donnons une fête,	We're having a party.
Nous mangeons et nous chantons,	We can eat and sing!
Et voilà ce que j'apporte,	And this is what I will bring:
De la viande et des spaghettis,	Meatballs, spaghetti,
Des confettis rouges et bleus,	Red and blue confetti,
Du poisson frais frit,	Fresh fried fish,
Et des condiments au vinaigre.	With pickles in a dish.

Des cacahuètes, des tomates,	Peanuts, tomatoes,
Des petites patates rouges,	Small, red potatoes,
De beaux jambons bien juteux,	Nice and juicy hams,
Des patates douces crémeuses,	And hot and creamy yams.
Des carottes et des betteraves,	Carrots and beets,
Et beaucoup de viandes épicées,	Lots of spicy meats,
Du pop-corn, des haricots,	Popcorn and beans,
Et un plat de sardines!	And a platter of sardines!

Des huitres et des praires,	Oysters and clams,
Des confitures aigres-douces,	With sweet and sour jams,
Des pêches et des prunes,	And peaches and prunes,
Et les meilleurs macarons,	And only the best macaroons.

Des biscuits salés, du fromage,
Des desserts et des petits pois,
Des pains blancs et bis,
Avec la crème et de la tarte au potiron.

Crackers and cheese,
Pudding with peas,
Breads . . . white and rye,
With cream and pumpkin pie.

Une fête, une fête,
Nous donnons une fête,
Nous mangeons et nous chantons,
Et voilà tout ce que j'apporte.

A party! A party!
We're having a party.
We can eat and sing,
And that's all I will bring.

Song to Accompany Story 8

Les cadeaux *(Presents)*

[Sung to the melody of a Mexican folk tune]

C'est l'anniversaire de grand-mère,
Et nous sommes impatients,
De voir tous ses cadeaux,
Je parie qu'ils sont chouettes,
La famille et les amis,
Sont venus nous voir,
Alors maintenant il est temps,
D'ouvrir tous les cadeaux.

It's our grandma's birthday,
We really can't wait,
To see all her presents.
I bet they are great!
Our friends and our family
Are coming right in.
So now it is time.
Let the presents begin.

Oh, grand-mère c'est super,
C'est tout à fait génial,
C'est juste ce que tu voulais,
Un beau hérisson bleu!
Oh, grand-mère c'est joli,
Le cadeau est bien choisi,
Une statue de toi,
Sculptée dans de la glace.

Oh, Grandma, that's great!
It really looks fine.
It's just what you wanted:
A blue porcupine!
Oh, Grandma, that's good!
The present is nice:
A statue of you
That is made out of ice.

Voyons voir ce cadeau,
Qui a l'air très brillant,
Un kangourou qui vole,
Mais c'est un cerf-volant!
Voyons voir celui-là,
Avec un gros noeud jaune,
Un cochon en plastique,
Avec un nez lumineux.

Now what is this present
That looks very bright?
A fat kangaroo that can fly—
It's a kite!
And what is that one
With the big yellow bow?
A plastic toy pig
With a nose that can glow.

Les cadeaux sont super,
Les cadeaux sont chouettes,
La pile grossit,
Elle doit peser une tonne.
Les cadeaux sont jolis.
Les cadeaux sont agréables.
Un cadeau peut être,
Comme un rayon de soleil.

The presents are nice.
The presents are fun.
The pile is growing;
It must weigh a ton.
The presents are good.
The presents are fine.
A present can be
Like a little sunshine.

English/French Picture Dictionary

Here are some of the people, places, and things that appear in this book.

airplanes
avions

bear
ours

blue
bleu

bow
noeud

brown
marron

cake
gâteau

car
voiture

clouds
nuages

coat
pelage

cow
vache

Dad
papa

door
porte

family
famille

feet
pieds

fish
poisson

flower
fleur

friends
amis

frog
grenouille

garden
jardin

hat
chapeau

giraffe
girafe

head
tête

Grandma
grand-mère

kitchen
cuisine

hands
mains

left
gauche

happy
heureux

living room
salon

Mom
maman

potatoes
patate

party
fête

presents
cadeaux

piano
piano

purple
violet

pig
cochon

red
rouge

pocket
poche

right
droite

sad
triste

tomatoes
tomates

shoes
chaussures

toy
jouet

sky
ciel

turtle
tortue

socks
chaussettes

world
monde

store
magasin

yellow
jaune

Word List

a
à
acheter
achetons
âgé
ai
aime
aimer
aimes
aimons
air
album
alors
amis
amusant
anniversaire
applaudit
arrière
assis
assoient
assoit
au
aujourd'hui
aussi
aussitôt
autour
autre
avant
avec
aventures
avons
beaucoup
bébé
blanche
bleu
boîte
bon
bonjour
bougies
bras
brosse
cadeau
caliné
ce
chacun
chansons
chantaient
chante
chantent
chanter
chapeau

Chaton
chats
chaussures
chemise
cheveux
chocolat
chose
chuchote
cinq
coeurs
commence
compte
côté
cotillons
courses
courtes
cravate
crème
dame
dans
danse
dansent
de
déjà
demain
demande
dernière
derrière
des
dessus
deux
dirigent
discutent
disent
dit
donné
dort
droite
drôles
du
écrire
elle
embrasse
en
encombrée
encore
endroits
enfants
enfile
ensemble
ensuite

envers
équilibre
espère
essayent
est
et
être
exclamations
faire
famille
fêter
fleurs
fort
frère
gâteau
gauche
genou
glacée
grand
grand-mère
gros
hautes
heureux
histoire
idée
il
ils
inquiet
inquiète
installent
invités
jambes
jardin
jaune
je
Jean
joue
jouent
jouet
jour
joyeuse
la
lave
le
les
leurs
lèvent
lire
lointains
lorsque
lui

magasin
mains
maintenant
mais
maman
manger
Marie
marron
même
merci
merveilleux
met
mettent
mieux
mis
moi
moment
musique
Nicolas
noirs
non
nos
notre
noue
nous
nouveau
offrir
on
orange
oui
ouvre
page
pansement
pantalon
papa
par
parce
parfum
pas
passaient
passe
passer
peindre
peinture
petits
peut
photo
photographie
piano
pièce
pinceaux

plus
poches
pour
pousse
prend
prendre
préparatifs
préparer
présentable
prêts
Princesse
puis
quand
quatre
que
quel
quelque
quoi
reçoit
regarde
regardent
repasse
répondent
ressemblent
riaient
rient
rit
robe
roses
rouge
route
sa
sais
sait
salon
se
semblent
sent
senti
seulement
si
soeur
son
sont
sortent
soudain
sourit
sous
souvient
spécialement
spectacle

sucreries
suis
suivant
sur
surprise
tellement
temps
tient
toi
tombé
tout
très
tristes
trois
trop
trouvent
tu
un
va
vers
vert
veut
vie
viennent
vierge
violet
visage
visite
vite
voiture
volant
vont
voulons
vous

appareil
  photo
avait trois ans
chez grand-
  mère
il y a
joyeux
  anniversaire
ne . . . pas
tout le monde